LA DULCE ESPERA
" X 9 (.........."

VITTORIA PRI

a todas las mujeres del mundo

2015

- Titulo original de la obra:

La Dulce Espera

"X 9 (…….."

- Vittoria Pri

- Primera edición marzo 2015

- Lengua original: Español

- Primera edición en lengua original
- 2015

- Copertina:
-

www.lulu.com (Distribuidor)

A todas las madres del mundo que esperan

"por nueve lunas" el fruto del amor,

con dulzura , *VITTORIA PRI*

Dedico este libro a mis dos hijitos,
ya adultos...pero siempre mis bebés,
con amor en el tiempo
desde el alma...

INTRODUCCION

Vittoria Prí sabe como muchos, de haber pasado tantas veces por este mundo. Y nos trae cosas que se fueron perdiendo y otras que encontró aquí. Realizo tres Monumentos a la Mujer en Italia. Ha estudiado ciencias exactas, arte y danzas, entre otras cosas. Sostiene que tenemos que cambiar nuestras creencias, mejorar nuestro entorno por nosotros mismos y sobre todo por nuestros hijos. Retiene que se perdieron algunas cosas en el tiempo a cerca de los cuidados de las mujeres "en la dulce espera". Habla del entrono y de los genes en el mismo. De todo lo que podemos trasmitir, desde antes que nazcan y sus primeros años. Asegura que estamos todos interconectados como por un hilo invisible. Que debemos evolucionar espiritualmente, y de la responsabilidad que tenemos individualmente y colectivamente de traer hijos sabios a este mundo, "Almas Viejas ". Piensa que la buena alimentación es aconsejable siempre y sobre todo en ese período. Trae una receta para estar ligeros así poder conectar con nuestro ser interior. Somos densos, dice, hay que estar menos pesados. Habla de los descubrimientos de la biología en relación con la física cuántica. Ayudando así, a nuestro contacto con la parte divina en nosotros. La mente y el cuerpo deben estar bien alimentados, para engendrar. Así ser y estar mejor con nosotros y el Universo..Nuestro cuerpo viste nuestra alma y espíritu. A todas las mujeres del mundo. Amén

LA DULCE ESPERA

Siempre honre a mis ancestros. Sentí lo que ellos representaban no solo en mis genes, sino con sus vidas vividas. Pregunte a mis padres y abuelos sobre sus padres y siempre admire sus vidas. Es como reconocer en profundidad la palabra familia.

Entonces pensé que seria bueno contarles los datos que recogí a cerca de la mujer en cinta. En el siglo pasado se la llamaba "en mal estado", cosa que me pareció siempre inadecuado ya que para mi no existe un estado mejor, en gracia, del estar embarazada.

Decidí escribir y ello es a cerca de los cuidados de eso que me gusta llamar "la dulce espera". Se trasmitieron de generación en generación desde hace años y no se porque no le damos mas la importancia. Antes, haré una introducción que me parece oportuna.

Dicen por allí, que antes de la noche de los tiempos, el amor entre un hombre y una mujer era algo deseado curado con colores, perfumes, música y ungüentos. El Tantra era y es una de las doctrina y técnica para llegar a nuestra divinidad interior, y esta práctica en las parejas tiene un papal preponderante en la evolución.

El acto concluía mucho tiempo después del inicio, por decirlo de alguna manera especifica, era una ceremonia "tántrica".

Ahora se puede encontrar bibliografía a cerca de lo dicho anteriormente, cosa que no sucedía 40 o 50 años atrás. Es preciso que diga como siento que debe ser el paso previo antes que esto ocurra. El concebimiento es fundamental, valiosos y solemne mucho mas de lo que se cree.

Se sabe que para sembrar previamente se debe preparar la tierra. Para engendrar un hijo es igual , y con mayor razón.

Esto significa, desearlo mutuamente. Si esto ocurre se atraer fundamentalmente un alma vieja. Un alma que trae una sabiduría obtenida en otras vidas pasadas. Con una intuición más aguda.

El estar preparadas mentalmente es importante. La limpieza no solo debe ser física sino también mental. Cuando tenemos en mente el proyecto de quedar en cinta, esta mente limpia es fundamental y valioso. Alejar los miedos, los pensamientos e imágenes mentales que no sean agradables y positivas, de esto se trata esta limpieza menta.

Recuerdo algo que mi padre me ha contado muchas veces. Esto era que él antes de que mi madre quedar en cinta de mi, dejo de fumar, tomaba leche, no bebía alcohol y se alimento cuidadosamente.

Extraño esto que les cuento pues ocurrió en 1949, el siglo pasado. Lo que no sabía era lo que estaba por suceder.

Ellos habían concebido un alma vieja "YO". Esto fue un poco problemático pues yo vine con "un paso avanti", traducido del italiano, "adelantada". Con más información y esto no fue comprendido. Como sucede con los niños Indago o Cristal.

El hijo\a debe absolutamente engendrarse en un acto consiente. Dado que se dice que en el preciso instante del encuentro del óvulo con el espermatozoide, el alma se encarna.

Es propio en ese momento que sucede.

Con lo apenas dicho no hablo del aborto, se comprende?.....

Aquí hablaré de la importancia de la programación paternal de la idea de los rasgos positivos o negativos.

En experiencias de la biología se encontrado que es el entorno a procurar el comportamiento de los genes.

Este descubrimiento de los últimos tiempos nos alerta a cambiar nuestras creencias. Pues cambiándolas podemos vivir y hacer vivir mejor a nuestros hijos gracias a la modificaciones en nuestros pensamientos.

Debemos comenzar por nosotros, limpiar nuestra mente, con buenos pensamientos. No solo debemos estar limpios físicamente sino mentalmente. (Esto se explica con instrumentos y herramientas en el libro: Una Elegida X Dios y Tu?..., Vittoria Pri).

Se nos ha dicho que las habilidades atléticas, artísticas o intelectuales son determinadas por los genes. Pero el entorno en el desarrollo del crecimiento tendrá que ver importantemente si la consecución del potencial es bien guiada según el ambiente. Esto es lo importante.

En síntesis el entorno donde crecerán nuestros hijos, determinara fuertemente sus genes, por ende sus vidas. Las creencias cuentan. Los pensamientos son valiosos.

Se dice que toda la información que damos a nuestros hijos

pasa a través de la placenta. Osea desde siempre absorben no solo lo que nutre sus cuerpos sino todo lo que tiene que ver con al información genética y nuestras creencias y valores de la vida. El entorno cuenta más de lo que pensamos. Podemos cambiar, ser y estar mejores reeducando nuestra forma de pensar.

Así le trasmitiremos a nuestros hijos todo lo mejor de podemos y tenemos para ellos.

"La dulce espera X 9 (", significan los nueve meses, o nueve lunas que debemos esperar al fruto del amor que engendramos. Se dice que se deben contar las lunas y luego de la novena luna nueva, en esa o en algunas de las lunas que restan. Ose la luna creciente, luna llena o luna menguante.

En el hemisferio norte la luna creciente es una C en contrario, mientras que en el hemisferio sur es como una C. El cuarto menguante es propio el contrario de anteriormente dicho.

Hemisferio norte C y hemisferio sur C en contrario. Porque explicar esto?. Las lunas son importantes para la cosecha y esta es nuestra "gran cosecha".

Las lunas siempre fueron observadas en la antigüedad, debemos volver a ello y sobre todo en este momento de nuestras vidas.

Despúes de todo la Luna es el símbolo femenino, el Sol masculino. Para los cristianos la Virgen en sus representaciones esta apoyada sobre la Tierra y por debajo de esta, encontramos la Luna. Lo han observado?. Interesante esto último...

Debo decirles, con conocimiento de causa por mi experiencia personal, la importancia de las lunas. Mis hijos nacieron en dos lunas diferentes, mi hija en cuarto menguante y mi hijo en cuarto creciente. El al igual que yo en cuarto creciente.

Esta luna es en la que los bebés nacen, es decir salen, velozmente, en vez el cuarto menguante el parto es mas lento. Estas son cosas de las que generalmente los ginecólogos u obstetras no hablan.

Pero puedo asegurarles que es así. Si quieren pueden hacer una encuesta y comprobaran lo dicho, ustedes mismas.

Cuando veo las mujeres embarazadas, me viene en mente, todas las cosas que sabía y aprendí. Siempre pensé, que bueno sería escribirlas ya que los ginecólogos y obstetras no lo estudian en la universidad y todo esto pertenece a las abuelas de un tiempo.

Cosas que con el modernismo y el paso del tiempo, se las etiqueto de viejas o antiguas, como las dichas anteriormente, se dejaron archivadas dejando así, de difundirlas .

Cuando puedo y me permite la ocasión, las digo a esas futuras "mamás"...Por eso escribirlas me pareció genial.

Ciertamente nadie podrá afirmar que lo que diré ahora "es así". Lo dejo a vuestra intuición...

No tienen una aprobación científica, pero muchas de ellas, tienen una razón que tiene que ver con la lógica y sentido común que todos o casi todos tenemos.

En la dulce espera, me gusta decirlo de este modo y no como decía antiguamente "en mal estado", en la dulce espera, repito, es inevitable cruzar las piernas cuando estamos sentadas, es una actitud inconsciente, pero no es bueno.

Simplemente porque en estado avanzado, o sea después de los seis meses mas o menos, el bebe comienza a girar en el vientre e inicia a ubicarse despacio, despacio. Este lugar no se debe obstruir con las piernas cruzadas.

Si se tiene vómitos beber algo que NO sea caliente. Pues eso no permite cerrar la apertura del aparato digestivo, mejor algo frío y si hay acidez de estomago, el viejo y siempre eficiente "bicarbonato de sodio".

El huevo de gallina, parece que afecta al agua o liquido amniótico, estas son cosas de la abuela que yo escuche varias veces, así que evitar de comerlo seria mejor.

Se dice también que no es aconsejable teñirse el cabello ya que puede pasar a nuestro organismo la química de las tinturas mediante la absorción capilar.

El alimentarse bien a base de calcio es importante. Todo lo que comamos de genuino no solo es por el bebe sino por nosotras mismas.

Si que se dice que en la guerra las madres parían sus hijos, y casi no comían. Ellos en el vientre siempre se nutren a través de nosotras.

Pero luego esas mujeres podían tener problemas de descalsificación y caries en su dentadura. Esto ocurre siempre y en todos los casos.

Consultar al dentista aún cuando nuestros dientes estén en buenas condiciones, es lo ideal.

Si estuviéramos un poco resfriadas o con alergia, esperando esto no ocurra, podemos destapar nuestra nariz de este modo. Se hierve agua y se coloca en un plato hondo con un poco de sal gruesa. Cuando esta tibio, probar primero, aspirar por la nariz y exhalar por la boca.

Si, lo sé me dirán que no es agradable, pero no meteremos medicamentos en nuestro organismo y les puedo asegurar, que es muy efectivo. Yo lo hago cuando lo necesito.

Hay lugares donde no se practica la gimnasia del pre-parto y esto es primordial, ya que facilita el parto y la buena recuperación física después de este. Sino, hay libros que explican claramente los ejercicio de base.

Cuidar nuestro vientre con cremas apropiadas es aconsejable ya que ocurre en ocasiones que se formen estría, así como en los senos.

Así como también hacer masajes en los pezones para prepararlos.

Las cremas adecuada con vitaminas y aquí se aconseja leer los ingredientes de estas porque hoy en día existe aquellas que tienen todos los productos químicos, "pharaben". Ejemplo metilpharaben en su composición química.

Esto no es bueno, no solo para las embarazadas sino para todos.

Hablar al bebé aún cuando esta en el vientre es apropiado y aconsejable, hay mucho libros que tienen esta información y más sobre esto último.

Ahora se hacen estudios y todos ellos se dicen inocuos pero desde hace poco se ha comprobado que hay que hacer los menos posibles. Son siempre ondas las que nos y les estamos "metiendo" en nuestros cuerpos.

Las caricias en el vientre de la madre deben hacerlas también ellos, los futuros padres. Pensemos que ellos contribuyeron a ello y pobres no pueden engendrarlos. Solo nosotras podemos....

Después de ser madre comencé a ver que los hombres si que se pierden algo así de maravilloso. Bueno estoy llorando en este momento...

Esto si que es como se dice "muy fuerte". Nosotros podemos elegir ser o no madre y esperar tener o no nuestros hijos, pero ellos no. Esto es un no definitivo y se dan cuenta conscientemente "a veces", de ello.

Cuando tenemos una palma de la mano debajo de nuestro seno, se dice está pronto para nacer. Siempre mirar las lunas...

Cuando este fruto del amor nace, que bello esto!...es importante poder amamantarlos. Ellos se llevan nuestro calcio, ojo!.

Así que es importante una boca bien curada durante el embarazo. Repito...Si podemos tomar flúor, consultando al médico, seria lo ideal.

Siempre y casi siempre, depende de nosotras el poder amamantarlos. En los años 70, cuando nació mi hijita, estaba de moda, por así decir, la leche S26. Se decía que era mejor que la de las madre. Las terribles modas que imponen las casa farmacéuticas, los médicos caen ellas y por ende nosotras también.

Piensen que todos los anticuerpos que llevamos, cubren las defensas inmunitarias a nuestros hijos gracias a nuestra leche materna. Claro esta, a veces no alcanza y eso, es otra cosa. Es importante saber que cosas debemos comer y beber para poder continuar amamantar.

La malta es recomendable, aunque a veces es difícil de encontrar, el mate cocido, y esto ahora se consigue en todo el mundo.

Los quesos en general y sobre todo queso de rallar y leche, ricos en calcio. Lo que no es conveniente son las papas, y las verduras de hojas, ya que favorecen los gases al bebé.

Y sabemos bien que ocurre cuando a ellos le duele la panza. Nada de picante o pimienta, porque todo pasa por nuestra leche materna. Y si nosotras estamos mal con nuestro intestino, también lo estarán ellos. Nada de alcohol, y cigarrillo. Y esto ya lo sabemos.

Cuando se amamanta al bebé, no se debe beber ni tampoco hablar, pues puede que les llegue aire mientras hablamos.

Es bueno beber un vaso de agua a temperatura ambiente antes de amamantarlos es ideal, pero nunca fría. Esto hace que tengamos más leche.

Recuerdo, y esto es verdad, un día de verano muy caluroso, pensé que no podría amamantar mas a mi bebé, y llegue a tomar 7 litros y medio entre agua mineral y mate cocido. Exagerado, verdad?...pero volví a tener leche para mi hijito y esto valió la pena.

Antes de poner al pecho el bebé es necesario limpiar nuestros pezones ya que pueden producirse las llamadas aftas en la boca. Estas como sabemos, son tan dolorosas y fastidiosas. Una gasa embebida de agua con bicarbonato es bueno, ya que el bicarbonato tiene el "pH" básico.

Así como al terminar debemos pasarnos una gasa con alcohol en los pezones, para cerrar y desinfectar. Luego de amamantarlos, no olvidarse del eruto, eso es la certeza de una buena digestión antes de colocarlos en su cuna.

Si toman biberón, importante no hacerles tomar aire cuando beben, eso traerá dolores al bebé .

Debemos estar atentas con la uñas de nuestros bebés, crecen y crecen y tantas veces ellos se rasguñan sin querer.

Lo aconsejable es cortárselas cuando duermen, despacito, despacito...sssh!!!

El cuento del perejil...esto sucedió verdaderamente. Me habían dicho que cuando los bebés están un poco estreñidos, se les coloca perejil en el "culin". Mi bebé , tenia ese problema.

Tome una rama de perejil la lave bien, la seque y la apoyé en el "culin" de mi bebe y luego lo envolví en su pañal. Ja ja.ja.!.. no era así. Había que poner perejil apenas, apenas dentro del "culin", bañado en aceite preferiblemente. Y esto si dio sus resultados.

Si que existen los supositorios para ello o las gotas de beber. Pero les puedo asegurar que es efectivo y no hace daño al bebé, todo lo contrario. Esto se hace con mucho cuidado y despacio, funciona.

Es bueno tener bicarbonato para enjuagar biberones y chupetes, esto también es aconsejable cuando tenemos acidez de estomago estando embarazadas, es bueno tenerlo siempre en casa.

El baño es aconsejable antes de la última papa. Ya se que me dirán, pero ensuciara nuevamente el pañal. Si, es verdad pero, lo conveniente será asegurarnos que no tomaran frío en su estomago y así no habremos esas "cacas verde oscuras" producidas por el frío en la panza.

Cuando bañamos a nuestro bebé, él disfruta de ello, estuvo nadando por así decir en nuestro vientre, en el agua, será bueno dejarlo un rato, esto nos asegura también un buen descanso.

El baño todas las noches es lo ideal. Puede que sin querer entre agua en sus oídos, allí sera bueno unas gotas de "alcohol boricado", yo lo sigo utilizando también para mi. Hay países que no lo tiene, pero siempre se puede pedir al farmacéutico, que lo prepare.

El alcohol desinfecta y el boro es un antiséptico. Ello permite que se evapore el agua que pudo haber entrado el los oídos.

No son tan aconsejados introducir los hisopos secos ya que dejan hilos muy pequeños en el oído produciendo a largo tiempo problemas. Cuando tienen mocos, es práctico tener las pipetas de plástico o goma que absorben la mucosidad. Esto con sumo cuidado no haciendo el vacío.

Si la nariz esta un poco tapada, obstruida, se puede colocar unas gotas de aceite de oliva sobre la nariz haciendo masajes suaves. Les facilita la respiración.

Algo que siempre debemos tener es el suero fisiológico, bueno también para destapar esas "naricitas" tan pequeñas de nuestros bebes. Preguntar al pediatra

Cuando voy al mar veo frecuentemente madres que llevan a sus bebés y niños pequeños al horas no oportunas. El horario es siempre el mismo hasta las 10, 30 am y luego a la tarde después de las 4 pm, o 16 horas.

El sol después de esas horas es malo sobretodo para ellos. Esto es muy importante. Nos evitara problemas no solo de quemaduras..

Lo del ombligo hay que pasarlo!!!. Nos pueden decir como es y en general los médicos dicen hay que esperar, después se "cae". Les puedo decir que los tiempos no son rápidos como querríamos.

Y esa semana o diez días no pasan rápido. Si son varones la pipí, va a parar allí y el baño no se puede hacer, etc., etc.

Dicen que una gota de alcohol fino, o blanco al 98%, ayuda. Y esto es higiénico atención, que no vaya mas allá del ombligo. Atención!.

Las horas de comidas son todo un tema. Las comandan ellos, y esta es una teoría. La otra es nos organizamos y tenemos un horario que mas o menos respetamos de ambas partes.

Ellos y nosotras... aquí va a gusto.

Yo sostengo que los horarios son mejores para nuestra organización y la de ellos. Esto es según cada madre.

Cuando comienza con la papilla, tenemos que saber que el clásico puré se tiene que hacer todos los días . Hoy en día hay tantas productos ya preparados.

Cuando se cocina hay que hacerlo sin sal. Es mucho mas sano colocar la sal después de haber cocinado. Esto va también para todos.

Personalmente prefiero la papilla hecha en casa. No es tan largo el tiempo que ellos comen esta papilla porque no disfrutar de hacerlas con nuestras manos y todos los días, al menos los primeros tiempos.

Esto será importante para su regulación intestinal. Así como el primer huevo y el primera carne. Si podemos todos los días fresco, es por poco tiempo, vale la pena.

La manzana rallada en el momento. Y si están un poco flojos del intestino, dejarla que se oxide y venga negra. Los biberones de fruta son buenos pero no hay que agregarles azúcar.

El azúcar no es bueno y menos con la fructuosa de la fruta.

Existe una edulcorante para bebes, glucosas que son recomendables para endulzar sus comidas. Siempre consultarlo con el pediatra, pero lo sabemos de antemano. Debemos acordarnos del flúor!.

Es recomendable las pastillas de flúor antes de ir a dormir, para ellos cuando crece y para nosotras cuando estamos esperándolos.

Hace poco mi hija me agradeció, mi insistencia reiterada con las pastillas de flúor en los primeros años de edad. Ya que su dentista la felicito por su dentadura; amen.

El porque los judíos hacen la circuncisión, religiosamente hablando, puede no importarnos, pero si tiene que ver con la higiene intima de los varones. Recuerdo haberme informado de ello con el pediatra, será oportuno consultarlo.

Hoy existen las cremas de enjuague , pero antiguamente se utilizaba el vinagre blanco, es ácido acético y tiene muchas más utilidades.

Por ejemplo es bueno enjuagar la ropa del bebé, queda suave y esterilizada y es muy importante también, para la piel. Desde luego diluido.

Y les puedo asegurar que quedan suaves y no tiene la química de las cremas de enjuague.

También como medida preventiva, en los primeros años, contra los famosos, piojos.

Un poco de vinagre en el último enjuague, es la clave, generalmente los ahuyenta. Pero hacer atención con los ojos, como con el champo.

Llevarlo al mar en una botella pequeña, no se sabe cuando llegan las aguas vivas, medusas y aquí también alivia el ardor.

Claro que hablar de esto hoy en día, con los medicamentos que las multinacionales pusieron en el mercado internacional, es absolutamente fuera de tiempo, hablar de ello.

Lo bueno es que no nos metemos tanta química sobre nuestro cuerpo y sobre todo la de ellos, "nuestros bebés".

Pues para mi...abajo las multinacionales farmacéutica con tanta química!...paréntesis, aparte

Muchos de los comentarios que acabo de hacer, fueron mal llamados cosas "anticuadas".

Siento que a medida que pasa el tiempo, las personas están propensas a rescatar estos conocimientos que no tantos años atrás, circulaban comúnmente.

Afortunadamente mis hijos tuvieron médicos pediatras excelentes. Uno de ellos que fue también el mío y del papa de mis hijos; dedico su vida a ello.

Todos los días en el hospital a ver que nuevos virus y cosa nuevas que aprender y practicar.

No los que atendían dos veces a la semana luego de tener sus diplomas colgados en la pared. Elijamos a nuestros pediatras, con cuidado!!!

Aquí va mi agradecimiento al Dr. Fortunato y al Dr. Candiz .

Allí veía los casos de las fiebres en los niños y cuales eran los síntomas. De allí que era capaz al teléfono de describir la garganta de mis hijos y decir la temperatura que tenia y el antibiótico adecuado.

El otro médico había hecho un intercambio con los indígenas en el sur de la Patagonia y decía haber aprendido de ellos.

Que humildad, él con una laurea en medicina, aprender de los indígena e intercambiar conocimientos. Un ser sabio...

Cualquier persona, al ver a este médico, podía decir que no lo era , pues tenia el aspecto diferente a los médicos que usaban corbata y pelo corto.

Pero el dicho de "el hábito no hace al monje", lo olvidamos, y más allá de sus vestiduras uno y otro fueron grandes médicos. Empeñados en su vocación.

Recuerdo que yo sabia "tirarles del cuerito" a mis hijos, y ellos mismos cuando eran mas grandes me lo pedían si no estaban bien del estomago.

Prácticamente es tomar la piel con los dedos en la espalda comenzando desde la parte baja de la columna. Se va estirando de a poco de abajo hacia arriba con tirones suaves. Esto es piel y un poco más, se entiende. La primera vez es preferible encontrar alguien que lo explique con un ejemplo práctico, sobre una persona.

Siendo bebés se los hacia con mucho cuidado.

Un día se lo comente a mi médico con vergüenza, y el me dijo no "madre" eso es muy bueno!. ..Solo hay que saber hacerlo.

Los bebes y los niños generalmente tiene asientos en el estomago y esto lo despega.

Como así también la clara del huevo batida y colocada sobre un pedazo de algodón de aproximadamente la medida de una palma de mano abierta

Luego se coloca sobre el estomago y la espalda sobre las lumbares. Se faja con una tela de algodón, alrededor de casi cintura del cuerpo.

A la mañana siguiente verán como se pego y seco todo, tirando fuera lo que se había pegado en el estomago.

Se disolverá así, y digerirá, permitiendo desaparezca lo que se había asentado en el estomago.

Estas cosas se perdieron, y son buenas e inofensivas, esto es lo valioso e importante.

Cuantas veces hemos tenido a nuestros hijos con lagañas en los ojos. Si bien esto veces es producido por un virus y para ello están los médicos que recetan el antibiótico apropiado, otras se produce con el viento dando un disturbo que se remedia con el te o camomila.

Te y también la infusión de manzanilla o llanada camomila. Esta última también aconsejada para los males de panza producidos por mala digestión o frío en el estomago.

Se dice que la educación de los niños es importante al 100% desde que nace hasta los 7 años. Luego lo que absorben de la educación y todo lo que representa. Es del 50% de los 7 a los 14 años.

Luego de 14 a 21 años un 25%. , de los 21 años en adelante 0%.

Eso significa que podemos ayudarlos en su crecimiento con hábitos y comportamientos, en los primeros años de vida. Los demás absorberán menos y lo harán solo en su camino.

A medida que crezcan deberemos no inculcar miedos infundidos, o creencias imitadoras en el subconsciente de ellos.

Ahora se esta difundiendo mas el conocimiento de los niños Índigos o también los niños Cristal. Estos niños traen consigo un bagaje de información, sabiduría y una intuición aguda.

Muchos de los padres de estos niños, no los comprenden. Algunas veces terminan en psiquiatras, con psicofármacos.

Atención, porque las almas viejas, mueven esquemas familiares, y si no están preparadas estas familias, pueden no solo hacer daño al propio hijo, sino también a ellos mismos.

Veo a menudo esos niños, que movilizan familias enteras con su comportamiento, tantas veces inquietos y revoltoso. Algunos de ellos tiene problemas de aprendizaje cuando pequeños.

Veremos a niños que sabrán que eran en sus vidas pasadas y recordar a sus familiares que tenían otro parentesco con ellos. Se dice volvemos en el mismo circulo de personas, como había referido anteriormente.

Tenemos que saber que luego del parto viene lo que se llama depresión pos parto. Si sabemos que esto ocurre podremos reconocerlo cuando nos suceda y entonces podremos habar de ello con alguien que nos pueda ayudar en ello.

Podemos comenzar por hablar con alguien que ya lo haya pasado, es un buen inicio.

Para todo esto hay que tener en cuenta solo lo vital, valioso e importante que es, a los hijos "hay que amarlos incondicionalmente y no esperar nada de ellos". Debemos siempre estar presentes sin enjuiciarlos dándoles coraje para seguir a pesar se sus equivocaciones.

Ellos son un regalo del cielo, que nos llena el alma.

Después de todo, un hijo es un ser que Dios nos presto para hacer un curso acelerado e intensivo para amar a alguien, para poder cambiar nuestros defectos y darles los mejores ejemplos.

Venimos para evolucionar espiritualmente a este mundo y con ellos crecemos...sino para que vinimos?

Espero tanto que esto llegue a las futuras madres, las que están en...."al dulce espera".

TEORIA SOBRE LA ALIMENTACION

El porque de este tema de alimentación. Esto vale para antes durante y después el embarazo. Pues el cuerpo es vestido de alma y el espíritu.. Y si estamos bien físicamente, esto hace que psiquicamente y emocionalmente lo estemos.

Alguien dijo "somos lo que comemos".

Asistí a varias reuniones de meditación, con grupos diferentes y en distintos periodos de mi vida. Y en una de las que frecuente , escuche por primera vez, la importancia profunda de "cocinar con amor".

La comida es bien recibida por el organismo y tiene un sabor especial cuando la degustamos ...

Y entonces me vino in mente ese film estupendo " El Pranzo de Babette"film 1987 Danes, que recomiendo verlo más de una vez. Es un canto al amor. Otro film estupendo del mismo tipo es, "Chocolat" (film 2000 Ingles-USA)

Existen dichos que cruzaron los océanos y se siguen teniendo en consideración. Por ejemplo se dice que hay que: "desayunar como un rey, almorzar como un príncipe, merendar como un plebeyo y cenar como un mendigo". Me gusta este dicho porque claramente dice como deberíamos comer durante el día para poder tener las energías suficientes. La cena es pobre ya que luego vamos a dormir y descansar livianos.

Otro dicho famoso es :"come una manzana al día y no entrara el medico en tu casa".

Se ha escrito tanto a cerca de la alimentación y las dietas en este último decenio.

Todo o casi todo lo que comemos tiene conservantes químicos. Prácticamente no se podría comer nada. De una manera u otra vienen a nuestra mesa a través de fertilizantes y con pesticidas.

Aprobados por la sanidad pero químicos, al fin. No hablar de la biogenética, porque sino moriríamos de hambre. Ejemplo: Combinaciones de genes de pescado en las fresas para que sean más grandes!!!

Que bueno tener un pedazo de tierra y plantar dos lechugas y un tomate, verdad?...

Veinticinco años atrás tuve la oportunidad de asistir a un curso de alimentación dado por un oncólogo. Por aquellos tiempos se había descubierto que el veneno de una víboras podía curar algunos tipos de cáncer. El fue uno de los que había encontrado en laboratorio esta medicina y fue entonces utilizada con resultados óptimos en pacientes. Luego se desmintió, pero personas se habían entonces curado con ello.

Este médico era uno de los trabajo en este descubrimiento. Obviamente de ello no se hablo nunca más. Las multinacionales farmacéuticas se encargaron de sellar todo. Y no se hablo nunca más...

Ahora se habla del virus Ebola, y no se dice que es posible curarlo con Artemisa Annua, Garcinia Kole, dióxido de cloro, Plata Coloidal. Las dos últimas son plantas y los curanderos están ya curando esa peste con ellas.

El cólera se cura con el agua de mar diluida con agua filtrada, y tampoco se dice. "Abajo las Multinacionales farmacéuticas !!!".....

Paréntesis aparte....

Volviendo al curso dado por el médico oncólogo, este era como prevención del cáncer, a partir de la buena alimentación.

Comenzó dando algunos datos estadísticos al inicio como los porcentajes de muerte. En primer lugar estaba el corazón, luego los accidentes de automóviles y en tercer lugar el cáncer.

Sobre una pantalla proyecto diapositivas. Y estas fueron muy contundentes, eran dibujos en blanco y negro. Estas estadísticas eran del inicio de los años 90. Las diapositivas con esos datos eran en color blanco y negro, sugestivo el color por lo que les contare ahora. Luego de los datos nos mostró un dibujo de un señor obeso y bien vestido sentado en una mesa con los cubiertos en la mano en actitud de espera. Imagínenselo...

En la siguiente, aparecía con una servilleta alrededor de su cuello, cubiertos en mano y el plato lleno de comida en forma de montaña.

Por último una imagen escalofriante y elocuente donde aparecía con la cabeza apoyada en un ángulo de la mesa y él con el plato lleno de comida vertiéndolo dentro de su cuello.

Esta de mas decirles lo gráfico y explicativo que ha sido ver esas imágenes. Comemos exageradamente más de lo que nuestro cuerpo necesita. No olvidare esa diapositiva impresionante e ilustrativa.

Comenzó hablando del desayuno. Este debe ser rico en frutas naturales y frutas secas, nueces, almendras, cereales y yogur, si toleramos los lácteos.

Todos sabemos que la fruta y las verduras son alimentos sanos e indispensables para nuestra alimentación. Pero pocos saben de la importancia de comerlas antes de la comida principal.

Comenzó diciendo que primero tenemos que comer la fruta. Es sabido que no es bueno agregar a la fruta el azúcar. Pues la fruta tiene ya fructuosa y juntas pueden fermentar.

Muchos años después tuve la oportunidad de ir a un Castillo en el Piemonte, Italia, donde asistí a una cena Medieval allí descubrí que en los libros de cocina medievales decían que la fruta se comía antes. Esto prepara el estomago para la comida principal.

Después de la fruta, con un tiempo de espera, según el médico oncólogo, se tendría que comer las ensaladas. Luego las verduras cocidas y por último las carnes o pastas.

Preferentemente los hidratos al almuerzo y las carnes que son las proteínas a la noche. Importante, no mezclar carnes con hidratos de carbon.

Condición "sine qua non" la bebida sólo después de las comidas, y esta es una clave. Debemos beber después come, siempre, no durante.

Acostumbrarme a ello no fue fácil, pero cuando vi los resultados de mi mejor digestión, comencé a beber después de las comidas.

También se pueden apreciar mejor los sabores de la comida separadamente.

Generalmente estaba habituada a mezclar los sabores, comía un trozo de carne con un poco de ensalada, por ejemplo, o con papas. Horror, papas y carnes además juntas...

No es verdad que da igual para el estomago comer todo junto que separado. Esto no quita que vaya a cenas o reuniones donde se come y bebe a discreción, pero sólo en ocasiones.

El orden de prioridad de estas comidas, asegura una buena digestión.

Levantarse de la mesa teniendo ganas de continuar comiendo, es otra clave.

Alguno de ustedes podría decir...pero esto es todo? Si, esto es todo nada más y nada menos que comer en ese orden de prioridades y bebiendo al final, la digestión será distinta y verán el resultado de inmediato.

Mejor digestión y un peso adecuado.

Colocar nuestro desayuno, almuerzo o cena, "todo" delante nuestro es valioso y fundamental ya que será importante observar lo que comeremos. Esta es una clave excepcional!.

Esto de fijar la atención quedará grabado en nuestro inconsciente y luego no debemos agregar "nada más" , a nuestra comida.

La sal es mejor ponerla después de haber cocinado. Podremos también apreciar el gusto "sui generis"de cada alimento sin sal o con poca. En el caso de las carnes si se pone antes de cocinar, se desangra.

Se dice que comer cosas de color anaranjado hacen bien al organismo. Esta es una teoría oriental que yo puse en práctica desde hace poco zapallo, calabaza, zanahoria, albaricoques, papaya, etc...

La calabaza como las patatas fermentan si se las recalientan. Sobre todo esta última.

Los aceites de oliva son buenos pero no para freír, pues se oxidan y sus propiedades cambian. Existen los que son hechos a propósito para freír. De mas esta decir que los fritos no hacen bien si los comemos con frecuencia.

Este médico oncólogo enfatizó en el hecho de no mezclar las carnes. Pescado con pollo, o carne de cerdo con pescado, o huevos con pescado, y así otras combinaciones.

Esto que diré no gustara a muchos, los lácteos después de una cierta edad, son des-aconsejable. Comer poco de ellos, es lo ideal.

Yo les doy estos datos y luego cada uno hará y verá lo que le parezca. Algunas informaciones que circulan acerca de la alimentación van y vienen. Se dice esto es bueno y luego se dice que no.

Seguramente tener   y usar el sentido común en estos casos, es lo mejor.

Lo siguiente serán datos y noticias, algunas de ellas son mas conocidas que otras, pero siempre útiles.

Viajamos tanto a veces compramos verduras crudas de comer y frutas en otros países, o también donde vivimos y nos olvidamos que bastas 2 o3 gotas de (CL) cloro, (bleach o lavandina) en un litro de agua, para desinfectar la fruta y las verduras crudas.

El (HCL) ácido clorhídrico es en principal protagonista de nuestra digestión, el habita en nuestro estomago y contribuye a nuestra digestión, por ello es el desinfectante de las aguas purificadas que usamos en nuestras casas.

Nada como el cloro, amo ese desinfectante, hace desaparecer todos los hongos en baños cocina y lugares húmedos. Importante, No mezclar con el amoniaco, puede afectar a nuestro aparato respiratorio si aspiramos sus gases.

Cuando lavamos los tomates es aconsejable quitar no solo la parte donde tiene la rama sino el dorso. Ese minúsculo punto que aparece detrás es un lugar donde se depositan microbios o los pesticidas que han utilizado los cultivadores.

Esto generalmente no se quita al lavarlos normalmente.

Habitualmente combinamos los jugos de fruta y esto es bueno siempre y cuando no mezclamos los cítricos. El poder de ellos se anula cuando se combinan. Este estudio fue realizado por años 80-90.

Yo hasta entonces unía el jugo de naranjas con pomelos, o agregaba limón a la ensalada de frutas o macedonia. Desde entonces no lo hago más así.

Hablando de los cítricos, debemos prestar atención a unos puntos negros que aveces el limón, la naranja o el pomelo pueden tener. Ellos son parásitos que se depositan e nuestro intestino causando problemas bastantes graves y difíciles de encontrar.

Si se encuentran, se deben lavar con una rasqueta metálica, es lo ideal, haciendo cuidado de quitar todos.

Uno de los libros que debemos tener a mano siempre son los que hablan de las propiedades del ajo, el limón y la cebolla, hay varios.

Allí encontraremos lo bueno que es la sopa de ajo cuando estamos resfriado. El limón con miel y leche, cuando tenemos catarro.

La cura de un limón al día, luego 2 y así hasta 9, y luego8, 7, hasta llegar a 1, es bueno hacerlo una vez cada 2 0 5 años.

Esta es una de las recetas mas eficaces. Lo comprobé yo misma. Hay que buscar los limones que son menos ácidos y eso depende de la temporada y las regiones donde se cultivan. Son los mejores porque no son tratados. Eso si, sin azúcar. Los últimos días se divide en tres veces ya que 7, 8 y 9 hacen mucho jugo.

También los ajos en Ron o Run. Dejarlo macerar y tomar unas gotas a la mañana. Es bueno para limpiar la sangre y como medida preventiva de los resfriados.

Siempre el limón, que según algunos la falta de él en casa ovaciona siempre problemas de discusión familiar.

Cuando tenemos las manos ásperas de haber realizado trabajos varios sin guantes, la formula ancestral de unas gotas de limón, aceite de oliva y e una cucharada de azúcar, es fabuloso.

El aceite de oliva con un huevo y miel es una buen baño de crema para nuestro cabello. Si que hay productos químicos buenos, pero muchas química!

Y para terminar con la alimentación diré que la dieta mediterránea seguramente es la más sana y menos elaborada.

No estoy muy de acuerdo con las dietas extremas, puede cansarnos y volveríamos a comer como antes, de iniciarla.

En general decidimos hacer una dieta cuando aumentamos algún "kilito" o cuando sentimos que nuestro organismo quiere estar mas ligero.

Y esto siempre es un buen comienzo...nos debemos escuchar. El "conócete a ti mismo"... de Sócrates...

Todas las bebidas gaseosa tienes mucha azúcar y las que no tiene edulcorantes. Estos no son aconsejables si se los utilizan en cantidades importantes.

Habituarse a un buen café sin azúcar o un té, ...no es una mala idea.

Siento necesario hacer un comentario sobre las audiciones de "comidas" en la TV de USA que giran por todo el mundo. En Estados Unidos de América, es un canal solo de comidas. Luego de lo que acabo de decir sobre la alimentación es claro que veo de "terror" esas combinaciones alucinante...donde no se reconocen los gustos de los ingrediente y el pobre aparato digestivo enloquece con mezclas fuera de toda imaginación !!!.

Creo sea una critica constructiva , la mía. Me parecen divertidas estas audiciones, pero la comida es una cosa seria...y nuestro organismo aún más. Allí es donde vemos frecuentemente personas con sobre peso exagerado.

Así lo pienso y siento Yo...

La alimentación es importante cuando se quiere hacer una buena y profunda meditación ya que somos densos y nuestro cuerpo es pesado..

Si queremos aligerarnos debemos comer menos y no comer tantas carnes. Por eso quienes meditan hacen ayuno.

Hay una cura o desintoxicación por la mala alimentación que se realiza con frutas. Las frutas puede ser todas las que encontremos seguramente de estación. No importara cuanto comamos, siempre y preferiblemente no exagerar.

Se aconseja hacerla el día de luna nueva. Para ello tendremos que mirar el calendario y saber de que hora hasta que hora se pone y sale la luna ese día de ese mes.

Será conveniente en este caso y mejor, no hacer ejercicios físicos mi moverse demasiado ya que es un limpieza del organismo bastante fuerte y eficaz.

Hay quienes lo hacen solo con agua. Esta es la mejor de las limpiezas en absoluto, pero hay que resistir. Sobretodo para los que están acostumbrados a comidas o raciones normalmente abundantes.

Parece fácil no comer por un día, pero les puedo asegurarles que no lo es. Se pierden también las sales, y es aconsejable consultar con el médico.

Entre paréntesis, como noticia para quienes quieren dejar de fumar, es interesante saber que comer frutas, verduras y beber agua , aleja las ganas de encender un cigarrillo. Esto siempre que se quiera dejar de fumar, porque eso es lo que importa.

Hay infinidad de dietas para mejorar nuestra alimentación. La clave de esta, es el orden en que se ingieren y cuando se debe beber.

Cuidar nuestro cuerpo es un acto de amor con nosotros mismos. Pues si no nos amamos y somos conscientes de lo que este cuerpo viste, no podremos amar a nadie verdaderamente.

De allí el "ama a tu prójimo como a ti mismo"...

Esta es la dieta que yo encontré buena, en esta vida y estoy contenta de haber podido contárselas, que la aprovechen y

...bon appétit!!!. Y así sea.

INDICE

BIOGRAFIA

Nací en Buenos Aires, Argentina en 1950. De mis cuatro apellidos tres son italianos y uno vasco francés. Mi educación tuvo lugar en una escuela de monjas francesas de media clausura. Estudie danzas desde muy pequeña y luego tuve mi estudio de danza. Fui Universidad Católica donde me diplome en matemática, física y química. Luego asistí a escuelas de arte y tuve tres tres grandes maestros escultores. Esto siempre ocurría así, antes de terminar de estudiar o ejercer alguna de ellas, ya estaba paralelamente haciendo o estudiando la otra. Tenia mi estudio de danzas y contemporáneamente iba a la Universidad. Terminando la Universidad estudiaba arte. Y estos lapsos de tiempo donde mi vida cambiaba eran en torno a los veinte años entre uno y otro. Fui profesora de matemática, física y química por más de veintidós años, en los años superiores. Realicé tres Monumentos a la Mujer en Italia, dos en mármol de Carrara y uno en bronce, que están en jardines y plazas públicas. Mis obras están por el mundo en colecciones privadas y algunos museos. Cada vez que colgaba uno de mis títulos en la pared recordaba lo que dijo mi profesor química analítica: "cuando terminen la carrera y tengan el titulo en la mano, tendrán que comenzar a estudiar". Esto fue y es así no solo con las profesiones.

Contemporáneamente realizaba seminarios y cursos con grupos espirituales . Después de los 40 años fui a vivir a Italia y desde hace cuatro estoy viviendo seis en Miami, Florida USA. Vine a Miami pues treinta años atrás, galerías de arte trabajaban mi obra, contactos que había hecho viajando con mi familia. Expuse en ferias de arte y galerías entonces y ahora. Encontré buscando y sin buscar, instrumentos, informaciones experiencias que hicieron de mi una convencida que estamos aquí con un "Propósito Divino en el Universo". Algunas cosas fueron buenas y otras no tanto y recordé siempre lo que decía mi tan amada abuela Vittoria... "no hay mal que por bien no venga". Ah!!! olvidaba decirles que *Vittoria Pri* es un pseudonimo, el nombre de mi abuela materna y la primera parte del apellido de mi abuela paterna, a ella no la conocí. Ame profundamente al hombre de mi vida José, el padre de mis "dos hijos maravillosos, plante un árbol y escribí un libro"...mis nietos no están en este plano aún, pero ya los amo y les dejo mis obras y este libro. Así sea.